I0014733

Python

Sommario

Premessa

La mia idea generale per imparare a programmare è scrivere programmi. La teoria della lettura è utile, ma senza la reale pratica di programmazione, il suo valore è molto limitato. Il libro è in gran parte basato sulla risoluzione dei problemi e sugli esercizi di programmazione, perché lo scopo principale è quello di prepararti a tali compiti fornendo una breve introduzione ai concetti fondamentali di programmazione e agli strumenti Python.

Lo stile di presentazione del libro è compatto e pragmatico e include un gran numero di esempi di codice per illustrare come funzionano e vengono applicati i nuovi concetti in pratica. Gli esempi sono una combinazione di parti di codice (il cosiddetto snippet di codice), programmi Python completi e sessioni interattive in una shell Python. I lettori sono incoraggiati ad eseguire e modificare i codici per farsi un'idea su come funzionano i vari concetti di programmazione.

Avremmo potuto fornire dei file allegati ma il rischio sarebbe il copia e incolla, con il rischio di non capire ed apprendere effettivamente cosa si scrive. Il lettore tipico del libro sarà uno studente di matematica, fisica, informatica o un appassionato di informatica pertanto molti degli esempi saranno familiari a questi lettori. Tuttavia, la rilevanza in rapida crescita sul data science indica che i calcoli e la programmazione scientifica sono di interesse in un gruppo crescente di utenti.

Non verranno presentati strumenti tipici di data science nel libro ma il lettore imparerà compiti come leggere dati da file, elaborazione del testo e programmazione con matematica e calcoli in virgola mobile. Questi sono tutti gli elementi costitutivi fondamentali di qualsiasi applicazione, basata su data science o no, ed è importante conoscerle prima di immergersi in strumenti più avanzati e specializzati.

Non è necessaria alcuna conoscenza preliminare della programmazione per leggere questo libro. Inizieremo con alcuni esempi molto semplici per iniziare con la programmazione per poi passare all'introduzione di concetti fondamentali di programmazione come cicli (loop), funzioni, if-test, classi ecc. Questi concetti generici vengono integrati principalmente da strumenti più specifici e pratici per la programmazione scientifica e calcoli basati su array.

Lo scopo generale del libro è quello di indurre il lettore alla programmazione e, in particolare, a dimostrare come la programmazione può essere uno strumento estremamente utile e potente in molti rami delle scienze.

Capitolo 1: Introduzione

Questo libro insegna il linguaggio di programmazione Python, che è uno dei linguaggi più diffusi per i corsi introduttivi alla programmazione. Un vantaggio di Python è che si tratta di un cosiddetto linguaggio di alto livello, semplice e intuitivo con una sintassi che rende davvero facile iniziare. Tuttavia, sebbene funzioni bene come linguaggio per principianti, Python è adatto anche per attività più avanzate ed è attualmente uno dei linguaggi di programmazione più utilizzati al mondo.

La maggior parte dei libri introduttivi sulla programmazione iniziano con un cosiddetto programma Hello World!, che è un programma che scrive semplicemente Hello, World! sullo schermo. In Python, questo programma è composto da solo una singola riga;

```
print("Hello, World!")
```

Per scrivere ed eseguire effettivamente un programma del genere, Python offre diverse opzioni. In tutto questo libro applicheremo principalmente il classico approccio di programmazione, in cui un programma viene scritto in un editor di testo e memorizzato come file che viene quindi eseguito dalla finestra della riga di comando o da un ambiente di sviluppo integrato (IDE).

Per scrivere ed eseguire il programma "Hello, World!" visto prima, apri il tuo editor preferito (Atom, gedit, Emacs ecc.), digita la riga e salva il file con un nome file adatto, ad esempio `hello.py`. In seguito, apri un terminale, vai alla directory in cui hai salvato il file e digita `python hello.py`, se stai usando un normale terminale.

L'output `Hello, World!` dovrebbe apparire nel terminale subito dopo il comando. Se stai usando un IDE, che è essenzialmente un editor e un terminale combinati in un unico strumento sarà molto più semplice perché l'IDE riconosce il linguaggio e ti permette di eseguire il codice con un semplice click. Ad esempio, nel popolare IDE Spyder, la finestra dell'editor si trova solitamente in alto a sinistra mentre la finestra nell'angolo inferiore destro è la finestra dove esegui il programma.

Sebbene il programma "Hello, World!" possa sembrare un esempio sciocco, serve ad una serie di scopi utili. Prima di tutto, eseguendo questo piccolo programma verificherai che tu abbia installato correttamente Python e che tu abbia installato la versione giusta. Inoltre, introduce la funzione `print`, che sarà utilizzata praticamente ogni volta che programmiamo e illustra come utilizzare le virgolette per definire una stringa in Python.

Mentre `print` è una parola che Python capisce, le parole "Hello" e "World" non vengono recepite dal linguaggio. Usando le virgolette, diciamo a Python che non dovrebbe cercare di capire (o interpretare) queste parole, ma piuttosto, trattarle come un semplice testo che, in questo caso, deve essere stampato sullo schermo. Torneremo su questo argomento più in dettaglio in seguito.

Come usare Python

Come accennato brevemente in precedenza, Python offre alcune alternative al tradizionale stile di programmazione utilizzando un editor di testo e una finestra di terminale, e alcune di queste alternative possono essere molto utili quando si impara a programmare. Per esempio, possiamo usare Python in modo interattivo semplicemente digitando `python` o `ipython` in una finestra del terminale, senza un nome file a seguire. Questo aprirà un ambiente per digitare ed eseguire comandi Python, il che non è molto adatto per scrivere programmi su più righe ma è estremamente utile per testare comandi Python e istruzioni o semplicemente usare Python come calcolatrice.

In un terminale su macOS o Linux, una versione interattiva di Hello, World! l'esempio sarebbe simile a:

```
Terminal> ipython

Python 3.7.3 (default, Mar 27 2019,
16:54:48)

Type 'copyright', 'credits' or 'license'
for more information

IPython 7.4.0 -- An enhanced Interactive
Python.

In [1]: print("Hello, World!")

Hello, World!
```

Le due versioni `python` e `ipython` funzionano in gran parte allo stesso modo, ma `ipython` ha una serie di funzionalità aggiuntive ed è consigliato. Un terzo modo per utilizzare Python è tramite Jupyter notebook, che sono una forma di taccuini interattivi che combinano codice e testo. Le notebook vengono visualizzate tramite un browser e hanno un aspetto abbastanza simile a una semplice pagina web ma con l'importante differenza che i segmenti di codice sono codice Python "live" che può essere eseguito, modificato e rieseguito durante la lettura del documento.

Queste caratteristiche sono particolarmente utili per scopi didattici, poiché spiegazioni dettagliate di nuovi concetti sono facilmente combinabili con esempi interattivi. Tutti i capitoli di questo libro possono essere usati anche come Jupyter notebooks.

Tuttavia, Python ha degli inconvenienti minori. Sebbene Python sia un linguaggio popolare e adatto per imparare a programmare, ha anche qualche piccolo svantaggio. Uno dei più importanti è strettamente legato al suo vantaggio di essere un linguaggio flessibile di alto livello con una sintassi breve e intuitiva. La scrittura di piccoli programmi in Python può essere molto efficiente e i principianti possono rapidamente iniziare a scrivere programmi utili ma lo svantaggio è che il codice può diventare disordinato man mano che i programmi crescono in dimensioni e complessità.

Altri linguaggi come C, C++ e Java tendono a imporre più struttura nel codice, il che può essere fonte di confusione per i principianti e fastidioso quando si desidera scrivere un piccolo programma rapidamente, ma può essere più efficiente a lungo termine durante la scrittura di programmi più grandi. Tuttavia, è certamente possibile scrivere in modo pulito e piacevole anche programmi strutturati in Python, ma ciò richiede una scelta da parte del programmatore di seguire alcuni principi dello stile di codifica e non viene applicato dal linguaggio stesso.

Un altro aspetto leggermente fastidioso di Python è che esiste in diverse versioni. Al momento della stesura di questo articolo, Python 3 è dominante per un bel po', ma se cerchi risorse di programmazione online o leggi testo di libri più vecchi, troverai molti esempi che usano Python 2.

Per la programmazione trattata in questo libro, la differenza tra Python2 e Python 3 è in realtà piuttosto piccola, ma alcune differenze sono importanti e devi conoscerle. La più ovvia è come funziona la stampa. In Python 2, il programma qui sopra leggerebbe `print` `"Hello, World!"`, cioè senza le parentesi. Poiché quasi tutti gli esempi di codice utilizzano in una certa misura `print`, i programmi scritti in Python 2 in genere non vengono eseguiti in Python 3.

Nella maggior parte dei casi, l'unico errore è la mancanza di parentesi; quindi, l'aggiunta di parentesi a tutte le istruzioni `print` farà in modo che la maggior parte degli esempi funzioni bene in Python 3. Commenteremo alcune delle altre differenze tra le versioni di Python in seguito.

Capitolo 2: Programmiamo

In questo capitolo faremo un passo oltre l'esempio Hello, World! del primo capitolo e introdurremo la programmazione con formule matematiche. Iniziamo da qui poiché le formule sono parti essenziali della maggior parte dei programmi scritti per applicazioni scientifiche e sono utili anche per introdurre il concetto di variabili, che sono una parte fondamentale di tutti i linguaggi di programmazione. Per introdurre i concetti di questo capitolo, consideriamo prima una semplice formula per il calcolo degli interessi su un deposito bancario:

$A = P (1 + (r / 100))^n$, dove P è il deposito iniziale (il capitale), r è il tasso di interesse annuale dato in percentuale, n è il numero di anni e A è l'importo finale. Il compito ora è scrivere un programma che calcoli A per dati valori di P, r, n. Potremmo, ovviamente, farlo facilmente con una calcolatrice, ma può essere molto più flessibile e potente con Python.

Per valutare la formula indicata sopra, dobbiamo prima assegnare valori a P, r, n, quindi fare il calcolo. Scegliendo, ad esempio, P = 100, r = 5.0 e n = 7, un programma completo in Python che esegue il calcolo e restituisce le letture dei risultati è il seguente:

```
print (100 * (1 + 5.0 / 100) ** 7)
140.71004226562505
```

Come descritto nel capitolo precedente, questa riga può essere digitata in una sessione attiva di Python, o scritta in un editor e memorizzata in un file, ad esempio `interessi.py`. Il programma viene quindi eseguito con il comando `python` `interessi.py` in un normale terminale o esegui `interessi.py` in una finestra di iPython o Spyder. Il programma `interessi.py` non è molto più complesso o utile del programma scritto prima, ma ci sono un paio di differenze importanti. Innanzitutto, nota che, in questo caso, non abbiamo utilizzato le virgolette all'interno delle parentesi. Questo perché vogliamo che Python valuti la formula matematica e stampi il risultato sullo schermo, che funziona bene fintanto che il testo tra parentesi è un codice Python valido, o precisamente, un'espressione valida che può essere valutata per produrre un risultato.

Se noi mettessimo le virgolette intorno alla formula sopra, il codice funzionerebbe ancora, ma il risultato non sarebbe quello sperato - prova! A questo punto vale anche la pena notare che, mentre abbiamo affermato sopra che Python è flessibile e di alto livello, tutti i linguaggi di programmazione sono estremamente esigenti in fatto di ortografia e grammatica. Considera, ad esempio, la riga:

```
scrivi(100 * (1 + 5,0 / 100) ^ 7)
```

Sebbene la maggior parte delle persone possa leggere questa riga abbastanza facilmente e interpretarla come la stessa formula di quella sopra, non ha senso come programma Python. Ci sono più errori: scrivi non è una parola Python valida in questo contesto, in più, una virgola ha un significato diverso dal punto decimale e quel simbolo non è valido per indicare un esponente.

Dobbiamo essere estremamente precisi nel modo in cui scriviamo programmi per computer e ci vuole tempo ed esperienza per impararlo. La formula matematica di cui sopra è valutata secondo regole standard. I termini vengono valutati uno per uno, da sinistra a destra, prima l'esponenziale, poi viene eseguita la moltiplicazione e la divisione. Usiamo le parentesi per controllare l'ordine della valutazione, proprio come facciamo nella matematica regolare. Le parentesi intorno a (1 + 5,0 / 100) indicano che questa somma viene prima valutata (per ottenere 1.05), quindi elevata alla potenza di 7.

Dimenticare le parentesi e scrivere 1 + 5,0 / 100 ** 7 produrrà un risultato molto diverso, proprio come in matematica perché l'uso delle parentesi per raggruppare i calcoli funziona esattamente come in matematica, non è molto difficile da capire per persone con un background matematico. Tuttavia, quando si programma con più formule complicate è molto facile fare errori come dimenticare o posizionare male una parentesi di chiusura. Questo errore è probabilmente la più comune fonte di errore durante la programmazione di formule matematiche, e ne vale la pena prestare molta attenzione all'ordine e al numero di parentesi nell'espressione, vale anche anche per programmatori esperti.

Sbagliare questo principio ti porterà ad un messaggio di errore quando viene eseguito il codice o a un programma che funziona bene ma produce risultati imprevisti. Il primo tipo di errore è solitamente abbastanza facile da trovare e correggere, ma quest'ultimo può essere molto più difficile. Sebbene Python sia piuttosto severo in termini di ortografia e grammatica, nella programmazione chiamati sintassi, c'è una certa flessibilità.

Ad esempio, gli spazi bianchi all'interno di una formula non hanno importanza. Un'espressione come 5 * 2 funziona semplicemente così come 5 * 2. In generale, gli spazi bianchi in un programma Python sono importanti solo se posizionati all'inizio di una riga, su cui torneremo in seguito. Altrimenti, si dovrebbe utilizzare gli spazi per rendere il codice il più leggibile possibile per gli esseri umani, visto che Python lo ignorerà comunque.

Variabili

Siamo abituati a variabili in matematica, come P, r, n nella formula degli interessi di sopra. Possiamo anche usare le variabili in un programma e questo rende il programma più facile da leggere e capire:

```
capitale = 100
r = 5.0
n=7
totale = capitale * (1+r/100)**n
print(totale)
```

Questo programma si estende su diverse righe di testo e utilizza variabili, ma per il resto esegue gli stessi calcoli e produce lo stesso identico output del programma di una riga sopra. Tuttavia, l'uso delle variabili ha anche alcuni vantaggi in questo esempio molto semplice. Un vantaggio è che il programma diventa più facile da leggere, poiché il significato dei numeri diventa più intuitivo e la formula è più facile da riconoscere.

Un altro vantaggio, che potrebbe essere più importante, è che diventa più facile cambiare il valore di una delle variabili. Questo vantaggio diventa ancora più evidente nelle formule più complesse in cui la stessa variabile viene usata più volte. Dover cambiare il codice in più punti ogni volta che è necessario un nuovo valore è un metodo efficace per introdurre nuovi errori. Se lo stesso numero viene usato più di una volta in un programma, dovrebbe essere sempre memorizzato in una variabile. Il programma sopra è composto da istruzioni che sono eseguite una per una quando il programma viene eseguito. È comune avere un'istruzione per riga, sebbene sia possibile mettere più istruzioni su una riga, separate da punto e virgola, come

```
capitale = 100; r = 5,0; n = 7;
```

Per le persone nuove alla programmazione,
specialmente quelle abituate a leggere la
matematica, è degna di nota la sequenza
rigorosa in cui vengono eseguite le linee.
Nell'equazione matematica sopra, abbiamo
prima introdotto la formula stessa e poi
definito e spiegato le variabili utilizzate nella
formula (P, r, n e A) sula riga successiva.
Questo approccio è completamente standard
in matematica, ma non ha senso nella
programmazione. I programmi vengono
eseguiti riga per riga dall'inizio, quindi tutte le
variabili devono essere definite sopra la riga
in cui si vengono usate.

La scelta dei nomi delle variabili spetta al
programmatore e, generalmente, si ha una
grande flessibilità nella scelta di tali nomi. In
matematica, è comune usare una singola

lettera per una variabile ma, in un programma Python, una variabile può essere qualsiasi parola contenente le lettere a–z, A–Z, trattino basso _ e le cifre 0-9, ma non può iniziare con una cifra. Anche i nomi delle variabili in Python fanno distinzione tra maiuscole e minuscole, ad esempio, a è diverso da A.

Il seguente programma è identico a quello sopra, ma con nomi di variabili diversi:

```
importo_iniziale = 100
tasso_interesse = 5.0
numero_di_anni = 7
importo_finale = importo_iniziale * (1 +
tasso_interesse / 100) ** numero_di_anni
print(importo_finale)
```

Questi nomi di variabili sono probabilmente più descrittivi, ma rendono anche la formula molto lunga e difficile da leggere. Scegliere buoni nomi di variabili è spesso un equilibrio tra l'essere descrittivo e conciso e la scelta può essere molto importante per rendere un programma facile da leggere e da capire.

Scrivere codice leggibile e comprensibile è ovviamente importante se si collabora con altri che devono capire il tuo codice, ma rende anche più facile trovare errori nel codice o modificarlo ulteriormente in una fase successiva. La scelta di buoni nomi di variabili è quindi utile, anche se sei l'unica persona che leggerà mai il tuo codice.

Il programma precedente contiene due diversi tipi di istruzioni; prima ci sono quattro istruzioni di assegnazione che assegnano valori alle variabili, e quindi un'istruzione `print` singola alla fine. Come funzionano queste affermazioni potrebbe essere abbastanza intuitivo, ma vale la pena esaminare più in dettaglio le dichiarazioni di assegnazione.

In queste affermazioni, l'espressione sul lato destro del segno di uguaglianza viene valutato per primo, quindi il risultato viene assegnato alla variabile a sinistra. Un effetto di questo ordine di esecuzione è che le istruzioni come le seguenti lavorano bene e sono comuni nei programmi:

```
t = 0.6
t = t + 0.1
print(t)
0.7
```

La linea `t = t + 0.1` non avrebbe senso come equazione matematica, ma è perfettamente valida in un programma per computer. La parte a destra viene valutata per prima, utilizzando il valore di t già definito, quindi il valore di t viene aggiornato per contenere il risultato del calcolo. Il segno di uguaglianza in Python è chiamato operatore di assegnazione e, sebbene funzioni in modo simile alsegno di uguaglianza in matematica, non è proprio la stessa cosa.

Se vogliamo il significato più usuale del segno di uguaglianza, ad esempio, per determinare se due numeri sono uguali, l'operatore da usare in Python è ==. Un banale confronto potrebbe assomigliare a:

```
a = 5
print(a == 5)
True
```

Commenti

Vedremo molti altri esempi simili in seguito. I commenti sono utili per spiegare il processo di pensiero in linguaggio naturale. È possibile combinare i punti di forza dei due programmi sopra e avere sia nomi di variabili compatti che una descrizione più dettagliata di cosa significa ogni variabile. Questo può essere fatto usando i commenti, come illustrato nell'esempio seguente:

```python
# programma per calcolare il tasso di
crescita di denaro depositato in banca
capitale = 100 # importo iniziale
r = 5.0 # tasso di interesse in %
n = 7 # il numero di anni
importo = capitale * (1 + r / 100) ** n
print(importo)
```

In questo codice, tutto il testo che segue il simbolo # viene considerato come un commento ed effettivamente ignorato da

Python. I commenti vengono utilizzati per spiegare cosa significano le istruzioni del computer, cosa rappresentano le variabili e come il programmatore ha ragionato durante la scrittura del programma. Possono essere molto utili per aumentare la leggibilità, ma non dovrebbero essere sovrautilizzati. Commenti che non dicono molto più del codice, ad esempio, `a = 5 # imposta a 5`, non sono molto utili.

Tipi

Tutte le variabili hanno tipi. Finora tutte le variabili che abbiamo utilizzato sono state numeri, che è anche il modo in cui siamo abituati a pensare alle variabili in matematica. Tuttavia, in un programma per computer possiamo avere molti diversi tipi di variabili, non solo numeri. Più precisamente, una variabile è un nome per un oggetto Python e tutti gli oggetti hanno un tipo.

Il tipo di una variabile Python è solitamente deciso automaticamente in base al valore che gli assegniamo. Ad esempio, l'istruzione n = 7 creerà una variabile di tipo intero, o `int`, mentre r = 5.0 creerà una variabile con tipo `float`, che rappresenta un numero con virgola mobile. Possiamo anche avere variabili di testo, chiamate stringhe, che hanno il tipo `str`.

Ad esempio, l'esempio usato sopra Hello, World! potrebbe essere stato scritto come:

```
saluto = "Hello, World!"

print (saluto)
```

Qui creiamo una variabile `saluto`, che ottiene automaticamente il tipo `str`, e quindi stampa il contenuto di questa variabile sullo schermo. L'output è esattamente lo stesso del primo esempio del capitolo 1. Possiamo controllare il tipo di una variabile utilizzando la funzione incorporata `type`:

```
print(type(saluto))
print(type(r))
print(type(capitale))
print(type(n))
<class 'str'>
<class 'float'>
<class 'float'>
<class 'int'>
```

Vediamo che l'output è quello previsto dalle definizioni di queste variabili sopra. La parola `class` che precede i tipi indica che questi tipi sono definiti come classi in Python, un concetto su cui torneremo più avanti. Di solito non è necessario controllare il tipo di variabili all'interno di un programma Python, ma potrebbe essere molto utile quando si imparano nuovi concetti o se il programma produce errori o comportamenti imprevisti. Incontreremo molti altri tipi di variabili nei capitoli successivi.

Il tipo di una variabile decide come può essere utilizzata e determina anche gli effetti di varie operazioni su quella variabile. Le regole per queste operazioni sono generalmente abbastanza intuitive. Ad esempio, la maggior parte delle operazioni matematiche funziona solo con tipi di variabili che rappresentano effettivamente i numeri o hanno un effetto diverso su altri tipi di variabili, questo è naturale.

Per avere un'idea di come funziona Python, pensa ad alcune semplici operazioni matematiche sulle stringhe di testo. Quali delle seguenti operazioni ritieni siano consentite e quali sono i risultati: (i) sommando due stringhe, (ii) moltiplicando una stringa con un numero intero, (iii) moltiplicando due stringhe e (iv) moltiplicando una stringa con un numero decimale?

Dopo aver riflettuto su questa domanda, controlla le tue risposte provandole in Python:

```python
saluto = "Hello, World!"
print(saluto + saluto)
print(saluto*5)
```

Le stringhe che contengono numeri sono una potenziale fonte di confusione. Considera per esempio il codice:

```
x1 = 2
x2 = "2"
print(x1+x1)
print(x2+x2)
4
22
```

Vediamo che la variabile x2 viene trattata come una stringa di testo in Python, perché è stata definita utilizzando le virgolette, anche se ne contiene un solo numero. Per gli esempi che abbiamo visto finora, è facile assicurarsi che i numeri siano numeri, semplicemente non usare le virgolette quando li definisci. Tuttavia, più avanti in questo libro, scriveremo programmi che leggono i dati da file o input dell'utente. Tali dati saranno solitamente sotto forma di testo e anche i numeri saranno stringhe di testo simili alla variabile x2 sopra. Prima di usare i numeri nei calcoli, dobbiamo quindi convertirli in numeri effettivi, ciò può essere fatto con la funzione built-in float:

```
x1 = float(x1)
```

```
x2 = float(x2)
print(type(x1))
print(type(x2))
print(x2+x2)
<class 'float'>
<class 'float'>
4.0
```

Ovviamente, l'utilizzo di float per convertire una stringa in un numero richiede che la stringa sia effettivamente un numero. Cercando di convertire una parola normale, farà fermare il programma con un messaggio di errore. Ce ne sono molti altre di funzioni integrate per la conversione tra tipi, come int per la conversione in un numero intero e str per la conversione in una stringa. In tutto questo libro faremo uso principalmente della conversione in virgola mobile.

Capitolo 3: Formattazione dell'output

I calcoli nei programmi precedenti produrranno un unico numero e stamperanno semplicemente questo numero sullo schermo. In molti casi questa soluzione va bene ma a volte vogliamo diversi numeri o altri tipi di output da un programma. Questo è facile da fare con la funzione print, semplicemente mettendo diverse variabili all'interno delle parentesi, separate da virgola. Per esempio, se vogliamo stampare sia capitale che importo_totale dal calcolo sopra, l'istruzione sarebbe:

```
print(capitale,importo_totale)
100 140.71004226562505
```

Tuttavia, sebbene questa riga funzioni, l'output non è molto leggibile o utile. A volte serve un formato di output migliore o una combinazione di testo e numeri più utile, ad esempio, "Dopo 7 anni, i tuoi 100 EUR sono cresciuti fino a xxx EUR". Esistono diversi modi per ottenere questo risultato in Python, ma il più recente e probabilmente il più conveniente è usare le cosiddette stringhe f, introdotte in Python 3.6.

Se stai usando una versione precedente di Python, i seguenti esempi non funzioneranno, ma esistono alternative e modi abbastanza simili per formattare l'output di testo.

Per ottenere la stringa di output sopra, utilizzando la formattazione f-string, lo faremo sostituendo l'ultima riga del nostro programma con:

```python
print(f "Dopo {n} anni, 100 EUR sono diventati {importo_totale} EUR.")
```

```
Dopo 7 anni, 100 EUR sono diventati
140,71004226562505 EUR.
```

Ci sono un paio di cose che vale la pena notare qui. Innanzitutto, includiamo l'output tra virgolette, proprio come in Hello, World! esempio sopra, che indica a Python che questa è una stringa. Secondo, la stringa è preceduta dalla lettera f, che indica che la stringa potrebbe contenere qualche extra. Più specificamente, la stringa potrebbe contenere espressioni o variabili racchiuse tra parentesi graffe e abbiamo incluso due di queste variabili, n e importo_totale.

Quando Python incontra le parentesi graffe all'interno di una stringa f, valuterà il contenuto delle parentesi graffe, che possono essere un'espressione o una variabile e inserirà il valore risultante nella stringa. Il processo è spesso indicato come interpolazione di stringhe o interpolazione di variabili, ed esiste in varie forme in molti linguaggi di programmazione.

Nel nostro caso, Python inserirà semplicemente i valori correnti delle variabili nella stringa, ma se lo si desidera, possiamo anche includere un'espressione matematica all'interno delle parentesi, come:

```
print(f"2+2 = {2+2}")
2+2 = 4
```

L'unico requisito per il contenuto all'interno delle parentesi graffe è che deve essere un'espressione Python valida che può essere valutata per produrre un valore. In tutto questo libro useremo tipicamente la formattazione f-string per l'inserimento combinando testo e numeri, ma può essere utilizzato anche per espressioni con altri tipi di output.

La formattazione della stringa f spesso produrrà un output ben formattato, ma a volte si desidera un controllo più dettagliato della formattazione. Ad esempio, potremmo voler controllare il numero di posizioni decimali quando si stampano i numeri. Ciò è convenientemente ottenuto includendo un identificatore di formato all'interno delle parentesi graffe. Considera, ad esempio, il codice seguente:

```
t = 1.234567
print (f "L'output predefinito
restituisce t = {t}.")
print (f "Possiamo impostare la
precisione: t = {t: .2}.")
print (f "Oppure controllare il numero
di decimali: t = {t: .2f}.")
L'output predefinito restituisce t =
1.234567.
Possiamo impostare la precisione: t =
1.2.
Oppure controllare il numero di
decimali: t = 1.23.
```

Esistono molti identificatori di formato diversi per controllare il formato di output di entrambi i numeri e altri tipi di variabili. Useremo solo un piccolo sottoinsieme in questo libro e principalmente per controllare la formattazione dei numeri. Oltre a quelli mostrati sopra, possono essere utili i seguenti specificatori di formato:

```
print (f "Possiamo impostare lo spazio
usato per l'output: t = {t: 8.2f}.")
Possiamo impostare lo spazio usato per
l'output: t = 1.23
```

Questo identificatore viene utilizzato per controllare il numero di decimali e quanto spazio (il numero di caratteri) utilizzare per visualizzare il numero sullo schermo. Qui abbiamo specificato il numero da emettere con due cifre decimali e una lunghezza di otto, comprese le cifre decimali. Questa forma di controllo è molto utile per l'output di più righe in formato tabulare, per garantire che le colonne della tabella siano allineate correttamente. Una funzionalità simile può essere utilizzata per numeri interi:

```
r = 87
print (f "Numero intero impostato per
occupare esattamente 8 caratteri di
spazio: r = {r: 8d}")
Numero intero impostato per occupare
esattamente 8 caratteri di spazio: r =
87
```

Infine, l'identificatore di formato generico g restituisce un numero in virgola mobile nella forma più compatta:

```
a = 786345687.12
b = 1.2345
print (f "Senza l'identificatore di
formato: a = {a}, b = {b}.")
print (f "Con l'identificatore di
formato: a = {a: g}, b = {b: g}.")
Senza l'identificatore di formato: a =
786345687.12, b = 1.2345.
Con l'identificatore di formato: a =
7.86346e + 08, b = 1.2345.
```

Capitolo 4: Moduli e problemi

Moduli

Abbiamo visto che le operazioni aritmetiche standard sono direttamente disponibili in Python, senza alcuno sforzo aggiuntivo. Tuttavia, cosa succede se sono necessarie operazioni matematiche più avanzate operazioni, come sin x, cos x, ln x? Queste funzioni non sono disponibili direttamente, ma possono essere trovate in un cosiddetto modulo, che deve essere importato prima che possano essere utilizzate nel nostro programma.

In generale, una grande quantità delle funzionalità in Python si trova in tali moduli e importeremo uno o più moduli in quasi tutti i programmi che scriviamo. Le funzioni matematiche standard si trovano in un modulo denominato `math` e il codice seguente esegue i calcoli della radice quadrata di un numero utilizzando la funzione `sqrt` nel modulo `math`:

```
importa math
r = math.sqrt(2)
# oppure
from math import sqrt
r = sqrt(2)
# oppure
from math import * # importa tutto ciò
che è in math
r = sqrt(2)
```

Questo esempio illustra tre diversi modi di importare i moduli. Nel primo, importiamo tutto dal modulo `math`, ma tutto ciò che utilizziamo deve essere preceduto da `math`. La seconda opzione importa solo la funzione `sqrt` e questa funzione viene importata nello spazio dei nomi principale del programma, il che significa che può essere utilizzato senza prefisso. Infine, la terza opzione importa tutto da `math` nello spazio dei nomi principale, in modo che tutte le funzioni del modulo siano disponibili nel nostro programma senza prefisso.

Una domanda naturale da porsi è perché abbiamo bisogno di tre modi diversi per importare un modulo. Perché non utilizzare l'importazione più semplice `from math import *` e ottenere l'accesso a tutte le funzioni matematiche di cui abbiamo bisogno? Il motivo è che spesso importiamo da diversi moduli nello stesso programma e alcuni di questi moduli possono contenere funzioni con nomi identici. In questi casi è utile avere il controllo su quali funzioni sono effettivamente utilizzate, selezionando solo ciò di cui abbiamo bisogno di ogni modulo, come in `from math import sqrt`, o importando con `import math` in modo che tutte le funzioni debbano avere il prefisso con il nome del modulo.

Per evitare di fare confusione in seguito, potrebbe essere utile prendere l'abitudine di importare i moduli in questo modo già da subito, sebbene, in piccoli programmi dove importiamo solo un singolo modulo, non ci sia niente di sbagliato in `from math import *`. Di seguito, un esempio di calcolo con funzioni matematiche, considera la valutazione di una funzione gaussiana a forma di campana:

$$f(x) = \frac{1}{\sqrt{2\pi s}} \exp[-\frac{1}{2}\left(\frac{x - m}{s}\right)^2]$$

per m = 0, s = 2 e x = 1. Per questo calcolo, dobbiamo importare la funzione radice quadrata, la funzione esponenziale e π dal modulo `math` e il codice Python può apparire come segue:

```
from math import sqrt, pi, exp
m=0
```

```
s=2
x = 1.0
f = 1/(sqrt(2*pi)*s) * exp(-0.5*((x-
m)/s)**2)
print(f)
```

Si noti che per questa formula più complessa è molto facile commettere errori con le parentesi. Tali errori spesso portano a un messaggio di errore che punta a un errore di sintassi nella riga successiva del programma. Questo può confondere all'inizio, quindi è utile esserne consapevoli.

Se ricevi un messaggio di errore che punta a una riga direttamente sotto una formula matematica complessa, la fonte di solito è una parentesi di chiusura mancante nella formula stessa.

A questo punto, è naturale chiederci come sappiamo dove trovare le funzioni che vogliamo. Diciamo che è necessario fare dei calcoli con numeri complessi, come possiamo sapere se esiste un modulo in Python per questo compito? E, in tal caso, come si chiama? In generale, trovare informazioni sui moduli utili e su cosa contengono fa parte dell'apprendimento della programmazione con Python, ma potrebbe essere importante sapere dove trovare tali informazioni. Una fonte eccellente è la Python Library Reference, che contiene informazioni su tutti i moduli standard distribuiti con Python. Più in generale, una ricerca su Google ti porta rapidamente al modulo `cmath`, che contiene principalmente le stesse funzioni di `math`, ma con supporto per numeri complessi.

Se conosciamo il nome di un modulo e vogliamo controllare il suo contenuto, possiamo andare direttamente alla libreria di riferimento di Python, ma essa contiene anche altre opzioni. Il comando `pydoc` nella finestra del terminale può essere usato per elencare le informazioni su un modulo (prova, ad esempio `pydoc math`) oppure possiamo importare il modulo in un programma Python ed elencare i suoi contenuti con la funzione integrata:

```
import math
print(dir(math))
['__doc__', '__file__', '__loader__',
'__name__', (...) ]
```

Problemi

Di solito, le operazioni matematiche descritte sopra funzionano come previsto. Quando i risultati non sono quelli previsti, la causa di solito è un errore banale introdotto durante la digitazione, tipicamente assegnando un valore errato a una variabile o una mancata corrispondenza del numero di parentesi. Tuttavia, alcune potenziali fonti di errore sono meno ovvie e vale la pena conoscerle, anche se sono decisamente rare.

Gli errori di arrotondamento, per esempio, danno risultati inesatti. I computer restituiscono dati aritmetici inesatti a causa di errori di arrotondamento. Questo di solito non è un problema nel calcolo ma in alcuni casi può causare risultati imprevisti. Cerchiamo,

ad esempio, di calcolare 1 / 49 * 49 e 1 / 51 *
51:

```
v1 = 1/49.0*49
v2 = 1/51.0*51
print(f"{v1:.16f} {v2:.16f}")
```

L'output con 16 cifre decimali diventa:

```
0.9999999999999999 1.0000000000000000
```

La maggior parte dei numeri reali sono
rappresentati in modo inesatto su un
computer, in genere con una precisione di 17
cifre. Né 1/49 né 1/51 sono rappresentati
esattamente, e l'errore è di circa 10^{-16}. Gli
errori di questo ordine di solito non sono
significativi ma ci sono due casi particolari in
cui possono esserlo. In un caso, gli errori
possono accumularsi attraverso numerosi
calcoli, finendo per diventare un errore
significativo nel risultato finale. Nell'altro caso,
che è più probabile incontrare negli esempi di

questo libro, il confronto di due numeri decimali può essere imprevedibile. I due numeri v1 e v2 sopra dovrebbero essere entrambi uguali a uno, ma guarda il risultato di questo codice:

```
print(v1 == 1)
print(v2 == 1)
False
True
```

Vediamo che la valutazione funziona come previsto in un caso, ma non nell'altro e questo è un problema generale quando si confrontano i numeri in virgola mobile.

Nella maggior parte dei casi la valutazione funziona, ma in alcuni casi no. È difficile o impossibile prevedere quando non funzionerà e il comportamento del programma diventa così imprevedibile. La soluzione è confrontare sempre i float usando un valore di tolleranza, come:

```
tol = 1e-14
print(abs(v1-1) < tol)
print(abs(v2-1) < tol)
True
True
```

Non esiste una regola rigida per impostare il valore della tolleranza tol; tuttavia, dovrebbe essere abbastanza piccolo da essere considerato insignificante per l'applicazione in uso, ma più grande della tipica precisione della macchina 10^{-16}.

Alcune parole sono riservate e non possono essere utilizzate come variabili. Sebbene la scelta dei nomi delle variabili spetti al programmatore, alcuni nomi vengono riservati in Python e non possono essere utilizzati. Questi nomi sono and, as, assert, break, class, continue, def, del, elif, else, except, exec, finally, for, from, global, if, import, in, is, lambda, not, or, pass, print, raise, return, try, with, while e `yield`. Memorizzare questo elenco non è assolutamente necessario a questo punto e useremo molte di queste parole riservate nei nostri programmi in seguito, quindi diventerà abbastanza naturale non usarle come nomi di variabili.

Tuttavia, per la programmazione fisica e matematica, potrebbe valere la pena notare `lambda`, poiché la lettera greca λ è comune in fisica e nelle formule matematiche. Poiché Python non comprende le lettere greche, è comune fare lo spelling quando si programma una formula, cioè α diventa alfa e così via. Tuttavia, l'utilizzo di questo approccio per λ porterà a un errore e il messaggio di errore potrebbe non essere molto facile da capire. Il problema è facilmente risolvibile introducendo un piccolo errore di battitura intenzionale e scrivendo lmbda o qualcosa di simile.

La divisione intera può causare errori sorprendenti. In Python 2 e molti altri linguaggi di programmazione, la divisione di interi involontaria può a volte causare risultati sorprendenti. In Python 3 questo non è più un problema, quindi è improbabile che si verifichino durante questo corso, ma vale la pena esserne consapevoli, poiché molti altri linguaggi di programmazione si comportano in questo modo.

In Python 2, l'operatore di divisione, /, si comporta come nella normale divisione se uno dei due argomenti è un float ma, se entrambi sono numeri interi, funzionerà come una divisione intera e scarterà la parte decimale del risultato. Considera il seguente codice in Python 2.7:

```
Terminal> python2.7
Python 2.7.14 (default, Sep 22 2017,
00:06:07)
(...)
```

```
>>> print(5.0/100) #parentesi opzionali
in Python 2.7
0.05
>>> print(5/100)
0
```

La divisione intera è utile per molte attività in informatica e ribalta il comportamento predefinito di molti linguaggi di programmazione, ma di solito non è quello che vogliamo quando programmiamo formule matematiche. Pertanto, potrebbe essere una buona abitudine per garantire che le variabili utilizzate nei calcoli siano float, definendoli semplicemente come r = 5.0 anziché r = 5.

Sebbene questo aspetto non faccia davvero la differenza in Python 3, è bene prendere quest'abitudine semplicemente per evitare problemi durante la programmazione in altri linguaggi.

Capitolo 5: Cicli

In questo capitolo, la programmazione inizia a diventare utile. I concetti introduttivi del capitolo precedente sono elementi costitutivi essenziali in tutti i programmi per computer ma i nostri programmi di esempio hanno eseguito solo pochi calcoli, cosa che potremmo facilmente fare con una normale calcolatrice. In questo capitolo introdurremo il concetto di loop o ciclo che può essere utilizzato per automatizzare operazioni noiose e ripetitive.

I loop (o cicli) sono utilizzati nella maggior parte dei programmi per computer e sembrano molto simili in un'ampia gamma di linguaggi di programmazione. Li useremo principalmente per i calcoli, ma man mano che acquisisci più esperienza, sarai in grado di automatizzare altre attività ripetitive. Verranno introdotti due tipi di loop in questo capitolo: il ciclo `while` e il ciclo `for`. Entrambi saranno ampiamente utilizzati in tutti i capitoli successivi. Oltre al concetto di loop, introdurremo espressioni booleane, che sono espressioni con un valore vero / falso.

Per iniziare con un esempio motivante, si consideri di nuovo la formula per il calcolo degli interessi: $A = P (1 + (r / 100))^n$.

Nei capitoli precedenti abbiamo implementato questa formula come un programma Python a riga singola ma cosa succede se vogliamo generare una tabella che mostra come l'importo investito cresce con gli anni? Ad esempio, potremmo scrivere n e A in due colonne come segue:

0	100
1	105
2	110

3	...
...	...

Come possiamo creare un programma che scrive una tabella del genere? Sappiamo dai capitoli precedenti come generare una riga della tabella:

```
P = 100
r = 5.0
n=7
A=P* (1+r/100)**n
print(n,A)
```

Potremmo quindi semplicemente ripetere queste istruzioni per scrivere il programma completo:

```
P =100; r = 5.0;
n=0; A=P* (1+r/100)**n; print(n,A)
n=1; A=P* (1+r/100)**n; print(n,A)
...
n=9; A=P* (1+r/100)**n; print(n,A)
n=10; A=P* (1+r/100)**n; print(n,A)
```

Questa ovviamente non è una soluzione molto buona, poiché è molto noioso scrivere ed è facile introdurre errori nel codice. Come regola generale, quando programmare diventa ripetitivo e noioso, di solito c'è un modo migliore per risolvere il problema a portata di mano.

In questo caso, utilizzeremo uno dei principali punti di forza dei computer: la loro forte capacità di eseguire un gran numero di compiti semplici e ripetitivi. A tale scopo, utilizziamo i loop o cicli.

Il ciclo più generale in Python è chiamato ciclo `while`. Un ciclo `while` farà eseguire ripetutamente una serie di istruzioni fintanto che una data condizione è soddisfatta. La sintassi del ciclo `while` è simile alla seguente:

```
while condizione:

    <istruzione 1>
```

```
<istruzione 2>

...

<prima istruzione dopo il ciclo>
```

La condizione qui è un'espressione Python che viene valutata come vera o falsa, che in termini di informatica, è chiamata espressione booleana. Nota anche il rientro di tutte le istruzioni che appartengono al ciclo. L'indentazione è il modo in cui Python raggruppa il codice in blocchi. In un ciclo come questo, tutte le righe che vogliamo vengano ripetute all'interno del ciclo devono essere rientrate, con esattamente lo stesso rientro.

Il ciclo termina quando un viene rilevata un'istruzione senza rientri. Per rendere le cose un po' più concrete, usiamo un ciclo `while` per produrre la tabella di crescita degli investimenti indicata sopra. Più precisamente, il compito che vogliamo risolvere è il seguente: dato un intervallo di anni n da zero a 10, calcolare la quantità di interessi corrispondenti per ogni anno e stampare entrambi i valori sullo schermo. Per scrivere il ciclo `while` corretto per risolvere un determinato compito, dobbiamo rispondere a quattro domande chiave: (i) Dove / come inizia il ciclo, cioè quali sono i valori iniziali delle variabili; (ii) quali dichiarazioni devono essere ripetute all'interno del ciclo; (iii) quando si ferma il ciclo, cioè quale condizione dovrebbe diventare falsa per fermare il ciclo e (iv) come dovrebbero essere aggiornate le variabili per ciascuna passaggio del ciclo?

Guardando la definizione del compito sopra, dovremmo essere in grado di rispondere a tutte queste domande: (i) Il ciclo dovrebbe iniziare a zero anni, quindi la condizione iniziale dovrebbe essere n = 0; (ii) le istruzioni da ripetere sono le valutazione della formula e stampa di n e A; (iii) vogliamo che il ciclo si fermi quando n raggiunge i 10 anni, quindi la nostra condizione diventa qualcosa come n<=10 e (iv) vogliamo stampare i valori di ogni anno, quindi abbiamo bisogno di aumentare n di una unità per ogni passaggio del loop.

Inserendo questi dettagli nel ciclo `while` si crea il codice seguente:

```
P = 100
r = 5.0
n = 0
while n <= 10: # intestazione del ciclo
con condizione
  A = P * (1 + r / 100) ** n # 1a
istruzione all'interno del ciclo
  print (n, A) # 2a istruzione
all'interno del ciclo
  n = n + 1 # ultima istruzione
all'interno del ciclo
```

Il flusso di questo programma è il seguente:

1. n è pari a 0, 0 ≤ 10 è vero; quindi entriamo nel ciclo ed eseguiamo le istruzioni del ciclo:

a. Calcola A

  b. Stampa n e A

  c. Aggiorna da n a 12

2. Quando abbiamo raggiunto l'ultima riga all'interno del ciclo, torniamo al `while` e rivaluta di nuovo n ≤ 10. Questa condizione è ancora vera e le istruzioni del ciclo vengono quindi eseguite di nuovo. Viene calcolato e stampato un nuovo A e viene aggiornato n al valore due.

3. Continuiamo in questo modo finché n non viene aggiornato da 10 a 11; ora, quando si torna a valutare 11 ≤ 10, la condizione è falsa. Il programma, quindi, salta direttamente alla prima riga dopo il ciclo e il ciclo è finito.

Suggerimento utile: un errore molto comune nei cicli `while` è dimenticare di aggiornare le variabili all'interno del ciclo, in questo caso dimenticando la riga n = n + 1.

Questo errore porterà a un ciclo infinito, che continuerà a stampare la stessa riga per sempre. Se esegui il programma dalla finestra del terminale, puoi fermarlo con Ctrl + C, così puoi correggere l'errore e rieseguire il programma.

Espressioni booleane

Un'espressione con un valore true o false è chiamata espressione booleana. Le espressioni booleane sono essenziali nei cicli `while` e in altri importanti ambiti della programmazione, tanto che esistono nella maggior parte dei linguaggi di programmazione moderni. Abbiamo già visto alcuni esempi, inclusi confronti come a == 5 e la condizione n <= 10 nel ciclo `while` sopra. Altri esempi di espressioni booleane (matematiche) sono t = 140, t = 140, t ≥ 40, t> 40, t < 40. Nel codice Python, questi sono scritti come:

```
t == 40 # nota  il doppio ==, t = 40 è
un'assegnazione!
t != 40
t >= 40
t > 40
t < 40
```

Nota l'uso del doppio == per il controllo dell'uguaglianza. Come abbiamo accennato nei capitoli precedenti il singolo segno di uguaglianza ha un significato diverso in Python (e in molti altri linguaggi di programmazione) rispetto a quelli a cui siamo abituati a vedere in matematica, poiché viene utilizzato per assegnare un valore a una variabile.

Controllare due variabili per l'uguaglianza è un'operazione diversa, e per distinguerla dall'assegnazione, si usa ==. Possiamo produrre il valore delle espressioni booleane con istruzioni come:

```
>>> C = 41
>>> C != 40
True
>>> C < 40
False
>>> C == 41
True
```

La maggior parte delle espressioni booleane che useremo in questo corso sono semplici, costituite da un unico confronto che dovrebbe essere familiare anche ai matematici. Tuttavia, possiamo combinare più condizioni utilizzando AND / OR per costruire cicli `while` come questi:

```
while condizione1 and condizione2:

...

while condizione1 or condizione2:

...
```

Le regole per la valutazione di tali espressioni composte sono quelle previste: C1 e C2 è vero se sia C1 che C2 sono veri mentre C1 o C2 è vero se almeno una delle due condizioni C1 e C2 è vera. Si può anche negare un'espressione booleana usando il termine `not`, che semplicemente restituisce che C è vero se C è Falso e viceversa.

Per avere un'idea delle espressioni booleane composte, puoi esaminare manualmente i seguenti esempi e prevedere il risultato e poi prova a eseguire il codice per ottenere il risultato:

```
x = 0; y = 1.2
print(x >= 0 and y < 1)
print(x >= 0 or y < 1)
print(x > 0 or y > 1)
print(x > 0 or not y > 1)
print(-1 < x <= 0)
print(not (x > 0 or y > 0))
```

Le espressioni booleane sono importanti per controllare il flusso dei programmi, sia nei cicli `while` che in altri costrutti. La loro valutazione e il loro utilizzo dovrebbero essere abbastanza familiari ed ereditati dalla matematica, ma è sempre una buona idea esplorare concetti fondamentali come questo digitando alcuni esempi in una shell Python interattiva.

Capitolo 6: Array

Finora abbiamo utilizzato una variabile per fare riferimento a un numero (o stringa). Alcune volte abbiamo naturalmente una raccolta di numeri, come i valori n (anni) che assumevano valori pari a 0, 1, 2, ..., 10 come visto nell'esempio sopra. In alcuni casi, come quello sopra, ci interessa semplicemente scrivere tutti i valori sullo schermo, utilizzando una singola variabile che viene aggiornata e stampata ad ogni passaggio del ciclo.

Tuttavia, a volte si desidera memorizzare una sequenza di tali variabili, ad esempio, per elaborarle ulteriormente altrove nel programma. Potremmo, ovviamente, usare una variabile separata per ogni valore di n, come segue:

```
n0 = 0
```

```
n1 = 1
n2 = 2
...
n10 = 10
```

Tuttavia, questo è un altro esempio di programmazione che diventa estremamente ripetitiva e noiosa e ovviamente c'è una soluzione migliore. In Python, il modo più flessibile per memorizzare una tale sequenza di variabili è utilizzare un elenco:

```
n = [0, 1, 2, 3, 4, 5, 6, 7, 8, 9, 10]
```

Nota le parentesi quadre e le virgole che separano i valori ovvero come diciamo a Python che n è una variabile di lista. Ora abbiamo una singola variabile che può contenere tutti i valori che vogliamo. Gli elenchi (anche detti array) Python non sono riservati solo ai numeri e possono contenere qualsiasi tipo di oggetto e anche diversi tipi di oggetti.

Hanno anche una grande quantità di comode funzionalità integrate, il che li rende molto flessibili e utili ed estremamente popolari nei programmi Python. Non tratteremo tutti gli aspetti degli elenchi e delle operazioni sugli elenchi in questo libro ma useremo alcuni di quelli più basilari.

Abbiamo già visto come inizializzare un elenco utilizzando parentesi quadre e valori separati da virgole, come:

```
L1 = [-91, "una stringa", 7.2, 0]
```

Per recuperare singoli elementi dalla lista, possiamo usare un indice, ad esempio L1[3] selezionerà l'elemento con indice 3, cioè il quarto elemento (con valore zero) nell'elenco, poiché la numerazione inizia da zero. L'elenco degli indici inizia da zero e arriva a n− 1, dove n è il numero di elementi nella lista:

```
mia_lista = [4, 6, -3.5]
stampa (mia_lista[0])
stampa (mia_lista[1])
stampa (mia_lista[2])
len (mia_lista) # lunghezza della lista
```

L'ultima riga utilizza la funzione incorporata len di Python, che restituisce il numero di elementi nell'elenco. Questa funzione funziona su elenchi e qualsiasi altro oggetto che ha una lunghezza (ad esempio, stringhe) ed è molto utile. Altre operazioni integrate di un elenco ci consentono, ad esempio, di aggiungere un elemento ad un elenco, unire due elenchi, controllare se un elenco contiene un dato elemento ed eliminare un elemento da un elenco:

```
n = [0, 1, 2, 3, 4, 5, 6, 7, 8]
n.append(9) # aggiunge il nuovo elemento
9 alla fine
print(n)
n = n + [10, 11] # estende n alla fine
print(n)
print(9 in n) # il valore 9 è presente
in n? True/False
```

```
del n[0] # rimuove il primo elemento
dall'elenco
```

Queste operazioni sull'elenco sono estremamente comuni nei programmi Python e verranno utilizzate in tutto questo libro. È una buona idea dedicare un po' di tempo ad assicurarti di aver capito come funzionano. Vale anche la pena notare un'importante differenza tra gli elenchi e tipi di variabili che abbiamo introdotto nei capitoli precedenti.

Ad esempio, due istruzioni, come a = 2; b = a creerebbero due variabili intere, entrambe aventi valore pari a 2 ma non sono la stessa variabile. La seconda affermazione b = a creerà una copia di a che verrà assegnata a b, e se in seguito cambiamo b, a non sarà influenzato. Con le liste, la situazione è diversa, come illustrato dal seguente esempio:

```
>>> l[0] = 2
>>> a = [1,2,3,4]
>>> b = a
>>> b[-1] = 6
>>> a
[1, 2, 3, 6]
```

Qui, sia a che b sono elenchi e quando b
cambia anche a cambia. Questo succede
perché l'assegnazione di una lista a una
nuova variabile non copia la lista originale, ma
crea invece un riferimento allo stesso elenco.
Quindi a e b sono, in questo caso, solo due
variabili che puntano allo stesso identico
elenco. Se in realtà vogliamo creare una copia
della lista originale, dobbiamo dichiararlo
esplicitamente con `b = a.copy()`.

Liste e cicli

Dopo aver introdotto le liste, siamo pronti per esaminare il secondo tipo di loop: il ciclo `for`. Il ciclo `for` è meno generale del ciclo `while` ma è anche un po' più semplice da usare. Il ciclo `for` ripete semplicemente delle istruzioni per ogni elemento in un elenco:

```
for elemento in list:
  <istruzione 1>
  <istruzione 2>
  ...
<prima istruzione dopo il ciclo>
```

La riga chiave è la prima, che scorrerà semplicemente attraverso l'elenco, elemento per elemento. Per ogni passaggio del ciclo, il singolo elemento viene memorizzato nella variabile denominata elemento e il blocco di codice all'interno del ciclo `for` in genere svolge dei calcoli utilizzando questa variabile elemento. Quando le righe di codice in questo blocco sono eseguite per un elemento, il ciclo passa all'elemento successivo nell'elenco e continua in questo modo fino a quando non ci sono più elementi nell'elenco.

È facile da vedere perché questo ciclo è più semplice del ciclo `while`, poiché non è necessaria alcuna condizione per interrompere il ciclo e non è necessario aggiornare una variabile all'interno del ciclo. Il ciclo `for` itererà semplicemente su tutti gli elementi in un elenco predefinito e si fermerà quando non ci sono più elementi. D'altra parte, il ciclo `for` è leggermente meno flessibile poiché l'elenco deve essere predefinito. Il ciclo `for` è la migliore scelta nella maggior parte dei casi in cui sappiamo in anticipo quante volte vogliamo eseguire una serie di operazioni.

Nei casi in cui questo numero non è noto, il ciclo while è solitamente la scelta migliore. Per un esempio concreto, torniamo ad esaminare della crescita degli investimenti introdotto sopra. Per scrivere un ciclo for per una determinata attività, devi porti due domande: (i) cosa dovrebbe contenere l'elenco e (ii) quali operazioni dovrebbero essere eseguite sugli elementi nell'elenco? Nel caso in esame, le risposte sono (i) l'elenco dovrebbe essere un intervallo di valori n da 0 a 10, con passo pari a 1 e (ii) le operazioni da ripetere sono il calcolo di A e la stampa dei due valori, essenzialmente la stessa del ciclo while.

Il programma completo che utilizza un ciclo for diventa così:

```
anni = [0, 1, 2, 3, 4, 5, 6, 7, 8, 9, 10]
r = 5.0
P = 100.0
for n in anni:
```

```
A=P* (1+r/100)**n
print(n, A)
```

Come per il ciclo `while`, le istruzioni all'interno del ciclo devono essere indentate. Contando semplicemente le righe di codice nei due programmi si vede che il ciclo `for` è in qualche modo più semplice e veloce da scrivere rispetto al ciclo `while`. La maggior parte sosterrà che anche la struttura generale del programma è più semplice e meno incline agli errori con un ciclo `for`, senza la necessità di controllare un criterio per interrompere il ciclo o per aggiornare eventuali variabili al suo interno.

Il ciclo `for` itererà semplicemente su una data lista, eseguirà le operazioni che desideriamo su ogni elemento, quindi si fermerà quando verrà raggiunta la fine dell'elenco. Compiti di questo tipo sono molto comuni ed i cicli sono ampiamente utilizzati nei programmi Python.

Il lettore attento potrebbe notare che il modo in cui abbiamo definito l'elenco degli anni nel codice sopra non è molto scalabile e diventa rapidamente ripetitivo e noioso. Come detto sopra, quando la programmazione diventa ripetitiva e noiosa, di solito esiste una soluzione migliore.

Questo qui è il caso, e molto raramente i valori in una lista devono essere riempiti esplicitamente, come abbiamo fatto qui. Alternative migliori includono una funzione Python incorporata chiamata `range`, spesso in combinazione con un ciclo `for` o una cosiddetta list-comprehension. Quando si esegue il codice, si può anche osservare che le due colonne dei valori non sono perfettamente allineate, poiché `print` usa sempre la quantità minima di spazio per l'output dei numeri.

Se vogliamo formattare l'output in due colonne ben allineate, è possibile farlo facilmente utilizzando la formattazione con stringa-f che abbiamo introdotto nei capitoli precedenti. Il codice risultante può assomigliare a questo:

```
anni = [0, 1, 2, 3, 4, 5, 6, 7, 8, 9,
10]
for n in anni:
  r = 5.0
  P = 100.0
  A = P * (1+r/100)**n
  print(f'{n:5d}{A:8.2f}')
```

L'output è ora ben allineato:

```
    0    100.00
    1    105.00
    2    ...
```

Un ciclo for può sempre essere tradotto in un ciclo while, e come descritto sopra, un ciclo while è più flessibile di un ciclo for. Un ciclo for può sempre essere trasformato in un ciclo `while` ma non tutti i cicli `while` possono essere espressi come ciclo `for`.

Un ciclo `for` itera sempre su una lista, esegue alcune elaborazioni su ogni elemento e si ferma quando raggiunge l'ultimo. Questo comportamento è facile da imitare in un ciclo `while` usando l'indicizzazione della lista e la funzione `len`, che erano entrambe introdotti sopra. Un ciclo `for` della forma:

```
for elemento in lista:
    #elabora elemento
```

si traduce nel seguente ciclo `while`:

```
indice = 0
while indice < len(lista):
    elemento = lista[indice]
    #elabora elemento
    indice += 1
```

Funzione range

A volte non abbiamo una lista ma vogliano ripetere la stessa operazione un determinato numero di volte. Se conosciamo il numero di ripetizioni, questo compito è un ovvio candidato un ciclo `for` ma i cicli `for` in Python ripetono sempre su un elenco esistente (o un oggetto simile a una lista).

La soluzione è utilizzare una funzione Python incorporata denominata `range`, che restituisce un elenco di numeri interi:

```
P = 100
r = 5.0
N = 10
for n in range(N+1):
  A = P * (1+r/100)**n
  print(n,A)
```

Qui abbiamo usato `range` con un singolo argomento N +1 che genererà un elenco di numeri interi da zero a N (escluso N + 1). Possiamo anche usare `range` con due o tre argomenti. Nel caso più generale `range(start, stop,inc)` genera un elenco di numeri interi `start`, `start + inc`, `start + 2 * inc` e così via fino a, ma non includere, `stop`. Se utilizzato con un solo argomento, come sopra, questo argomento viene trattato come il valore di arresto e `range(stop)` è l'abbreviazione di `range(0, stop, 1)`. Con due argomenti, l'interpretazione è `range(start, stop)`, abbreviazione di `range(start, stop, 1)`.

Questo comportamento, dove una singola funzione può essere utilizzata con diversi numeri di argomenti, è comune sia in Python che in molti altri linguaggi di programmazione e rende l'uso di tali funzioni molto flessibile ed efficiente. Se vogliamo il comportamento più comune, dobbiamo fornire solo un singolo argomento e gli altri sono impostati automaticamente sui valori predefiniti; tuttavia, se vogliamo qualcosa di diverso, possiamo farlo facilmente includendo più argomenti.

Useremo la funzione `range` in combinazione con i cicli `for` ampiamente, ed è una buona idea passare un po' di tempo a familiarizzare con essi. Un buon modo per farsi un'idea di come funziona la funzione `range` è testarla con istruzioni come `print(list (range (start, stop, inc)))` in una shell Python interattiva, per diversi valori di argomento.

Una motivazione per l'introduzione delle liste è memorizzare convenientemente una sequenza di numeri come una singola variabile, ad esempio, per elaborazioni successive nel programma. Tuttavia, nel codice sopra, in realtà non lo abbiamo utilizzato, poiché tutto ciò che abbiamo fatto è stato stampare i numeri sullo schermo e l'unico elenco che abbiamo creato era una semplice sequenza da zero a 10. Potrebbe essere più utile memorizzare gli importi in un elenco, che può essere facilmente ottenuto con un ciclo `for`.

In Python 3, `range` non produce tecnicamente un elenco, ma un oggetto simile a una lista chiamato iteratore. In termini di utilizzo in un ciclo `for`, che è l'uso più comune di `range`, non c'è una differenza pratica tra una lista e un iteratore. Tuttavia, se proviamo, ad esempio, `print(range(3))` l'output non sembra un elenco. Per ottenere un output simile ad un elenco, che può essere utile per il debug, l'iteratore deve essere convertito in una lista effettive: `print(list(range(3)))`.

Il codice seguente illustra un modo molto comune per riempire elenchi con valori in Python:

```
P = 100
r = 5.0
N = 10
totale = [] #si inizia con una lista
vuota
for n in range(N+1):
  A = P * (1+r/100)**n
  totale.append(A) # aggiunge un nuovo
elemento alla lista totale
print(totale)
```

Le parti degne di nota in questo codice sono
`totale = []`, che crea semplicemente una
lista senza elementi e l'uso della funzione
`append` all'interno del ciclo `for` per aggiungere
elementi all'elenco. Questo semplice modo
per creare un elenco e riempirlo con valori è
molto comune nei programmi Python.

Ma è possibile calcolare una sommatoria in
Python? Certo che sì, è un classico esempio
di operazione ripetitiva. Vediamo cosa
calcolare:

$$S = \sum_{i=1}^{N} i^2$$

Per grandi valori di N questa sommatoria è difficile da calcolare a mano ma è molto semplice per Python con la funzione `range` e un ciclo `for`:

```
N = 14
S = 0
for i in range(1, N+1):
    S += i**2
```

Nota bene la struttura del codice che è abbastanza simile al modo in cui abbiamo riempito la lista negli esempi precedenti. Innanzitutto, inizializziamo la sommatoria a zero, quindi i termini della somma vengono aggiunti uno ad uno per ogni iterazione del ciclo `for`. L'esempio mostrato è una sorta di ricetta che puoi riusare per le tue sommatorie, molto comuni in matematica e in data science.

www.ingramcontent.com/pod-product-compliance
Lightning Source LLC
Chambersburg PA
CBHW071303050326
40690CB00011B/2510